Made in the USA
San Bernardino, CA
27 June 2020

74352316R00086